# EPITRE

## A

## MÉNALIE.

*Amor le trova inuſitate faſce*
*E di pietà le inſegna inſolite arti.*

Le Taſſe.

A AMSTERDAM,

M. DCC. LXVII.

# AVIS.

CEux qui lifent le Mercure fe rappelleront peut être d'y avoir vu, il y a environ quatre ans, quelques bagatelles publiées fous le nom de l'Auteur de l'Epître à Ménalie. C'étoit la piéce fuivante que je comptois alors donner au public. Différentes circonftances ont retardé jufqu'à préfent l'exécution de mon projet. J'ai profité de ce délai pour revoir mon ouvrage & pour le rendre un peu plus fupportable. Voilà toute l'hiftoire de la publication de cette piéce par laquelle je veux moins cependant acquitter un engagement dont je fens bien que perfonne ne s'inquiette, que preffentir le goût du public fur ma manière.

J'avois envie de me mettre à la mode, & de faire précéder cet effai d'une differtation ; mais c'eft bien affez de donner de mauvais vers fans y ajouter de mauvaiſe proſe. D'ailleurs nous manquons moins de préceptes que d'exemples.

J'obſerve une choſe aſſez ſingulière, c'eſt que la plûpart des grands Poëtes ſe ſont contentés de faire de bons vers ſans donner de Poëtiques. Homère, Virgile, le Taſſe, Milton, M. De Voltaire n'ont point étalé leur érudition dans de belles diſſertations. Le Rheteur Ariſtote a donné une Poëtique, mais il ne ſavoit pas faire de vers. L'Abbé d'Aubignac chez nous s'eſt érigé en maître de Théatre, & il a compoſé une piéce qui n'étoit pas ſuportable. La Mothe, eſprit adroit & délié arrangeoit des règles d'après leſ‑ quelles ſes piéces étoient excellentes : mais La Mothe n'auroit dû faire que des diſſertations. Il eſt des gens qui ne devroient faire ni l'un ni l'autre. On ne m'appliquera du moins que la moitié de cette maxime.

# EPITRE

## A

## MÉNALIE,

*Que ses Parents vouloient unir à mon Rival, & qui, préférant le Cloître à l'infidélité, vient de prendre le voile dans le Couvent des Ursulines de * * **

Il est donc consommé cet affreux sacrifice

Dont mon funeste amour gémit d'être complice,

Victime dévouée à d'injustes rigueurs,

Tu vas prier le ciel pour tes persécuteurs,

O Ménalie ! & moi plus misérable encore,

Ta volonté m'enchaine au monde que j'abhorre,

A ce monde odieux que tu quittes pour moi,


Dans la sainte prison où t'exile sa loi,

Au pié de ces autels, où nouvelle Héloïse,

Tu viens d'offrir une ame à d'autres feux soumise,

Puisque tout mon amour n'a pu t'en arracher,

Soufre que ma douleur aille au moins te chercher.


Ma main te réservoit une plus digne offrande....

Mais il faut vivre encor : ta voix me le commande,

Ta cruelle amitié me défend d'attenter

A ces jours malheureux que l'ennui va compter.

Eh bien ! je resterai dans ce monde barbare

Qui forma les tyrans dont l'arrêt nous sépare,

De ses vains préjugés, je verrai les fléaux,

Les maux qu'ils lui feront, consoleront mes maux ;

Les crimes des humains augmenteront sans cesse,

Et ma haine contr'eux, & pour toi ma tendresse...

Ma tendresse ! à quoi bon ? ils n'en sont plus jaloux.

Un abyme éternel est ouvert entre nous.

Le ciel a secondé leur injuste vengeance ;
Il usurpe ton cœur, en prenant sa défense ;
Contre tous mes rivaux son dangereux appui
M'offre de vains secours, s'il te garde pour lui.

Peut-être, je le sais, une flâme trop vive
Dispute à Dieu le cœur de sa triste captive,
Peut-être avec effort, malgré lui, malgré toi,
Sortant de sa prison, ce cœur vole vers moi.
Inutiles combats, cruelle résistance !
Sans faire mon bonheur, elle accroît ta souffrance,
Oui, je vois sur ton front, dans tes yeux abbatus
L'empreinte de mes feux, vainement combattus,
Au milieu de la nuit tu veilles chère amante,
J'entends sortir mon nom de ta bouche innocente,
Un soupir l'accompagne, & ce soupir cruel,
Quoique pour ton amant, est poussé vers le Ciel,

Acheve, j'y consens, ma chère Ménalie,
Acheve de briser la chaine qui nous lie,
Efface de ton ame un triste souvenir,

Oublie un feu trompeur qui n'a pu nous unir.

Il en est un plus juste, & c'est ton culte même,

C'est celui de l'Epoux que tu sers & qui t'aime,

Que son amour sacré règne seul en ton cœur,

Puisqu'il est tout puissant, il fera ton bonheur.


Mais que vois-je ? aurois-tu cette vaine espérance.

Tu sembles savourer le pain de pénitence,

C'est peu de tes devoirs ; avec avidité

Ton zèle ajoute encore à leur austérité.

Au pié des saints autels, arrosés de tes larmes,

Comme autant de forfaits tu portes tes allarmes.

De ces tourments sans nombre, en te montrant le prix,

La pieté crédule abuse tes esprits.

Tu fatigues le ciel d'une plainte inutile,

Sans épurer ton cœur, tu le rends moins tranquille

Lasse de tes efforts pour me sacrifier,

Tu me détesteras sans pouvoir m'oublier.

Vois l'affreux sentiment où ton zèle t'expose.

Arrête, connois mieux les devoirs que t'impose,

Ce Dieu dont tes frayeurs offensent la bonté ;

C'eſt lui qui t'a ſauvé de l'infidélité,

Il te donne un azyle, & ſa faveur propice,

Pour prix de ſes bienfaits, ne veut pas ton ſupplice.

De quel crime ton cœur oſe-t-il ſe punir ?

Appaiſe tes remords : Eſt-ce à toi d'en ſentir ?


Va, la fidélité n'eſt pas une chimère ;

L'amour qui t'a conduite en ta retraite auſtère,

L'amour de ton amant, ſi profane à tes yeux,

Vaut bien ce pur amour d'un cœur religieux,

Mérite peu pénible, enfant de l'ignorance,

Qui de tes ſœurs ſans doute y mena l'innocence.

Hélas ! dans leur froideur, elles ne ſentent pas

Le néant de leurs jours, le prix de tes combats.

Elles ne ſentent point ces ſecouſſes affreuſes

D'un cœur qui veut briſer des chaines douloureuſes,

Ces longs déchiremens & ces remords rongeurs

Dont la religion empoiſonne tes pleurs,

De ces jeunes objets l'ame inſenſible & pure

Réſiſte ſans effort au vœu de la nature ;

La Nature pour eux n'a que des fruits, des fleurs,

B

Etres inanimés simboles de leurs cœurs ;

Aucune paffion jamais ne les entraine.

Ils ont peu de plaifirs , mais ils vivent fans peine.

Sans moi, fans mon amour, fans mes foins trop heureux,

Ce filence des fens , tu l'aurois eu comme eux.


Lorfqu'un hazard , dirai-je heureux ou bien funefte,

Me fit fentir les traits de ta beauté célefte ,

Lorfque je te connus pour la premiére fois ,

Quand l'Amour nous rangea fous de communes loix ,

Tes jours , je m'en fouviens , étoient à leur aurore.

Ton feiziéme printems à peine alloit éclore ,

De cet âge innocent la naïve candeur

Cacha mal tes fecrets & hâta mon bonheur.

De ton cœur vertueux je reçus les prémices ,

Et de l'amour par moi tu connus les délices ,

Quel amour ! quels tranfports , mais dois-je en ton

tombeau ,

De ces plaifirs paffés te tracer le tableau ?

Moi-même en ce néant où la douleur me plonge,

Tant de félicités me paroiffent un fonge

Je veux les peindre envain dans mon reſſouvenir.

Je ne retrouve plus les couleurs du plaiſir.

J'ai ceſſé d'exiſter, en perdant Ménalie,

Et l'oubli vole autour de ce reſte de vie ;

De ces jours lents à fuir que d'éternels regrets

Obſcurciſſent ſans ceſſe & n'éteignent jamais,


Quelquefois cependant ton adorable image

Vient reveiller mes ſens & percer ce nuage,

Je leve avec effort des yeux appéſantis,

Le feu de tes regards échaufe mes eſprits,

Je reviens à ces tems ſi chers à ma mémoire,

La douce illuſion m'en retrace l'hiſtoire,

Sous ſes vives couleurs tout mon bonheur renaît.

Son fidele pinceau ne paſſe pas un trait.

Le lieu de nos amours, l'inſtant de leur naiſſance,

Leurs rapides progrès, ta vaine défiance,

Tes allarmes, tes pleurs, & ſur-tout tes aveux ;

Tout eſt repréſenté, je ſuis deux fois heureux.

Je revois ce boſquet, couronné de verdure,

Aſyle de l'amour redoutable au parjure.

J'y fuis encor tes pas ; une douce chaleur
Fait petiller mes yeux , & palpiter mon cœur.
Je preffe de ma main la main de mon amante.
Mon ardeur à la fois m'anime & m'épouvante.
Je veux parler , je fens redoubler mon effroi . . . .
Mais que vois-je ? ô bonheur ! tu trembles comme moi.
Tu trembles Ménalie ! . . . Ah ! ces vives allarmes ,
Garant de mon bonheur , ajoutent à tes charmes ,
Mais daigne les calmer , appaife fes foupirs.
Te repentirois-tu d'avoir fait mes plaifirs ?
Je voudrois vainement cacher mon allégreffe ,
Rien ne peut la troubler hélas que ta trifteffe.

Ainfi , dans mon erreur , je te parle & je crois
Que tu daignes m'entendre & répondre à ma voix.
Mon trouble , Ménalie , à tes difcours augmente ;
Quel fon de voix plus doux que celui d'une amante !
Mon cœur vole au-devant de ces tendres accents ,
Il les fait retentir dans chacun de mes fens.
Un autre admirera ta facile éloquence ,
Ta converfation fimple avec élégance ;

Tous ces froids fentimens n'exiftent plus pour moi,

Je n'entends que des fons , mais ils viennent de toi.

L'efprit de tes difcours n'eft plus ce qui me touche ,

Pour me plaire , il fuffit qu'ils fortent de ta bouche.


   Preftige de l'amour , heureufe illufion ,

C'eft toi qui fait un Dieu de l'homme à paffion.

Pour planer dans les airs , tu lui donnes des ailes ;

Ta main crée à fes yeux mille beautés nouvelles :

Tout l'Univers foumis obéit à fa voix.

Aux pieds de fa Maîtreffe il voit tomber les Rois

Il reçoit de fa main leur couronne brillante ,

Lui préfére un baifer donné par fon amante ,

Et toujours plus puiffant & plus fortuné qu'eux ,

Il rend de fes plaifirs le Ciel même envieux.

O toi qui viens tirer le bandeau de l'ivreffe

Sur nos yeux affoiblis que la vérité bleffe ,

Fille de la beauté que ton foufle embellit ,

Magique illufion , combien tu m'as féduit !

C'eft toi qui , commandant à la nature même

Me fis voir que les fens ne font rien quand on aime ,

C'eſt toi qui remplaçois un objet adoré,

Qui le montrois ſans ceſſe à mon œil égaré,

Deffendois au ſommeil d'écarter ſon image

Où dans un ſonge heureux animois ton ouvrage.


Oui, Ménalie, un charme, un preſtige divin,

Au-deſſus des mortels éleve ton deſtin.

Il ſe répand il erre autour de ta perſonne ;

Ton regard animé le recèle & le donne :

Ton ſein lui ſert de trône, il va s'y repoſer,

Sur tes mains, ſur ta bouche appelle le baiſer,

Sans ceſſe autour de toi s'étend ſe multiplie,

Même à tes vêtements prête l'ame & la vie,

Et, par ſon art fécond à créer des plaiſirs,

Epargne à ta pudeur l'affront de nos deſirs.


Eh ! quel eſt en effet l'amant ſi téméraire

A l'innocence, à toi ſi peu digne de plaire

Qui, lorſque Ménalie a reçu ſes aveux,

Puiſſe encore ſoupirer & former d'autres vœux,

Non ; quand je lui dois tout, une plainte inſultante

N'ira point accabler ma généreuse amante,
Enivré de plaisirs, que puis-je souhaiter?
Ah! je les perdrois tous, en voulant les combler.
Est-il un bien plus grand que de voir sa Maîtresse,
Partager son ardeur, sourire à sa tendresse,
De pouvoir lui parler de ses touchants appas,
D'oser baiser sa robe, & quelquefois ses bras?
Bonheur d'autant plus doux que rien ne le balance,
Qu'il n'est point arrosé des pleurs de l'innocence,
Quel mortel, quel amant vous gouta plus que moi?
Hélas! j'étois au Ciel, quand j'étois près de toi,
Ménalie, & l'amour, dont je sentois la flâme,
Pour rester dans mes sens, élevoit trop mon ame.
J'étois au Ciel! où suis-je, où suis-je maintenant?
Que sens-je? Des Enfers j'éprouve le tourment.
Ce n'est plus cette flâme innocente & sacrée;
C'est une passion sombre & désespérée,
Un incendie affreux qui dévore mon cœur,
Qui porte dans mes sens le trouble & la fureur.
Je rugis comme un tygre aussi-tôt qu'on te nomme.
Je sus t'aimer en Dieu, je te regrette en homme.

Ah cruelle ! Pourquoi m'as-tu laiffé franchir

Ce rempart de pudeur qui fembloit te couvrir ?

Pourquoi, par ta pitié, dans ce cœur téméraire,

Avoir mis des defirs qu'il ne peut fatisfaire ?


Tu le fais, quand l'arrêt de tes lâches tyrans

Eut rompu ces beaux nœuds fcellés de nos ferments.

Avant que l'Eternel eut reçu leur victime,

Tu voulus que l'amour me vengeat de leur crime.

Il m'eft encor préfent ce moment trop heureux.

Tu m'appelles : des pleurs rouloient dans tes beaux

      yeux.

Ta craintive amitié me cache tes allarmes.

Infenfé que je fuis ! je ne vois que tes charmes.

Je vole dans tes bras ouverts pour me preffer.

Mes lévres fur ta bouche ofent prendre un baifer,

Quel baifer ! je le fens dans mes veines ardentes

Précipiter encor fes flammes dévorantes.

Ote-toi, Ménalie, ôte-toi de mes bras,

J'expire, je me meurs fur tes brulants appas.

Sous le poids du plaisir mon ame anéantie....

Non, ce n'eſt pas ainſi que tu perdras la vie,

Malheureux ! tu vivras, tu vivras pour ſouffrir.

Ah ! ce n'eſt plus à toi de craindre de mourir.


Ménalie, il eſt vrai, je ſuis bien miſérable !

Connois l'excès affreux du deſtin qui m'accable.

C'eſt peu de l'infortune : hélas, dans ma douleur,

Le crime auſſi, le crime empoiſonne mon cœur.

Tes vertus & ta foi, ton rare ſacrifice,

Ce n'eſt point tout cela qui cauſe mon ſupplice.

Seul auteur de tes maux, chargé de tes bienfaits,

J'oſe encor t'offenſer de mes honteux regrets ;

J'accuſe ta pudeur, de ce baiſer funeſte

Mon amour forcené te demande le reſte.

Je te dis dans ma rage & dans mon déſeſpoir.

» Eſt-ce là me venger d'un injuſte pouvoir ? «

Je déteſte & maudit cette vertu ſévère

Qui préſerve du crime, & non de la miſère.

A peine de l'hymen je reſpecte les nœuds.

Il n'importe à quel prix, je ne veux qu'être heureux.

Mais sans parler encor d'un désir qui t'offense,

Quel fruit ai-je tiré de ta vaine constance ?

Au vœu de tes parents il falloit te prêter,

Et te vendre au cœur bas qui vouloit t'acheter...

Quoi ! j'aurois pu te voir avilie & volage,

J'aurois pu supporter ta honte & ton outrage !

Quand l'adultère affreux eut corrompu ton cœur,

Qu'aurois-je fait ? sinon combler ton déshonneur.

Serions-nous plus heureux, devenant plus coupables?

Le trouble auroit suivi ces plaisirs détestables ;

Nous aurions entendu sans cesse retentir

Le cri de la vertu qui devoit nous unir....

Quel sort nous réservoient les nœuds de l'hymenée!

Quelle félicité nous étoit destinée !

J'en juge à mes regrets, à ce baiser si doux,

Prémices des plaisirs permis aux seuls époux.

Hélas ! sans l'injustice & sans la tyrannie,

Ces plaisirs qui nous sont enlevés pour la vie,

Nous les aurions goutés, nous les aurions connus,

Nos jours entiérement ne seroient pas perdus,

Et nous ne verrions point le trépas nous furprendre

Ainfi que des enfans qui n'ont pu rien aprendre,

Qui fortent de la vie avant que d'en jouïr

Et qui n'ont rien fenti que le trifte defir.


O toi dont la tendreffe & la rare conftance

Méritoient de l'amour une autre récompenfe,

Dans l'auftère prifon où tu caches tes pleurs,

Sens-tu de ces regrets les cuifantes douleurs?

Te reprefentes-tu la raviffante image

De deux tendres amants à la fleur de leur âge,

Tous deux le front couvert d'une aimable rougeur,

Avec furprife encor regardaut leur bonheur,

Et fcellant à l'autel, d'une voix affoiblie,

Par de nouveaux ferment, le charme de leur vie?

Conçois-tu leurs tranfports, & leur raviffement?

Quel beau jour luit pour eux ! Quelle nuit les attend !..

Mon cœur infortuné dévore ces chimères,

Par le fiel des regrets, il nourrit fes mifères.

Sa douleur s'en accroit, mais il l'aime à l'aigrir.

La douleur d'un amant eft fon dernier plaifir.

Mais que vois-je ? Le Ciel à la vertu propice

A-t-il de nos tyrans effrayé l'injuftice ?

Veulent-ils reparer les maux qu'ils nous ont faits?

Notre bonheur va-t-il expier leurs forfaits ?

Après ces tems marqués par de triftes épreuves,

Au lieu de te couvrir de leurs habits de veuves,

D'étendre fur ton front leur bandeau ténébreux,

De baiffer pour toujours un voile fur tes yeux,

Tes fœurs * de te parer fe font fait une étude;

Ton éclat embellit leur fombre folitude,

Et l'inquiet fcrupule, en voyant tant d'attraits,

Semble leur reprocher ces profanes fuccès.


A quoi deftine-t-on cette pompe brillante?

On te conduit au temple admirée, éclatante,

Eft-ce de ton hymen l'appareil folemnel ?

Ta famille empreffée environne l'autel ;

---

* C'eft par des Religieufes que Ménalie a été frifée & habillée pour fa prife d'habit. Ces bonnes Solitaires, plus fenfibles que fes parents, pleuroient fur cette malheureufe victime de l'injuftice & du préjugé.

Et ton amant sans doute... Ah ! Ménalie, arrête,
Evite les apprêts de cette horrible fête.
Ton amant ! Malheureuse... Il pleure loin de toi,
Et tu vas à l'autel lui retirer ta foi.
Hélas ! je les entends ces vœux, cette promesse,
Ce parjure odieux dont gémit la tendresse....
Et le Ciel le permet, & loin de t'en punir,
Il veut.... Etois-ce ainsi qu'il devoit nous unir ?
Tu le sais, Ménalie, en des tems plus prospères,
Il reçut de nos cœurs des sermens bien contraires !
Mais il faut se soumettre avec humilité,
Il faut s'anéantir devant sa volonté.
Notre amour l'honoroit, à présent il l'offense,
Il commande à la fois & punit la constance ;
Les vertus qu'il nous donne enfantent nos malheurs,
Et, dans notre infortune, il nous défend les pleurs...
Mes pleurs n'insultent point à ton pouvoir suprême.
Le parjure, Dieu saint, voilà le vrai blasphême.
Je puis, je dois aimer un objet pleins d'appas
Que le monde condamne & qu'il ne connoit pas.
Le Ciel n'adopte point de coupables maximes,

Et la religion n'ordonne pas des crimes.

Ménalie autrefois a reçu mes ſerments,

Elle eſt toujours fidéle au meilleur des amants,

Si j'euſſe auſſi perdu ſon cœur dans ſa retraite,

La victoire du monde eût été trop complette.


O toi ! qui de ce monde auroit fait l'ornement,

Accepte de mes feux ce foible monument.

Puiſſe-t-il réveiller des remords ſalutaires

Dans le cœur des tyrans qui firent nos miſéres !

Puiſſe un jour leur vertu, bien plus que leurs regrets

Expier dignement les maux qu'ils nous ont faits.

De ta fidélité puiſſe la rare image

Corriger les penchants d'un ſexe trop volage !

Mais ſur-tout, puiſſe au moins, en voyant nos mal-

       heurs,

En liſant le recit de nos longues douleurs,

Puiſſe un pere attendri dire, en verſant des larmes,

» Hélas ! de nos enfans écartons ces allarmes,

» Que par nous leur amour ne ſoit point combattu

» Et reſpectons des nœuds formés par la vertu.

## F I N.